Ein Gruß aus unserer Genießerküche

»33 x Knödel« aus der Reihe »So genießt Südtirol« ist ein Buch über die aktuelle Südtiroler Küche mit Knödelrezepten für den täglichen Gebrauch, aber auch für besondere Anlässe.
Geschmack ist ein Gefühl von gebündelten Empfindungen, und Kochen hat viel mit Sensibilität zu tun, die man lernen kann. Darum beinhaltet dieses Buch neben Rezepten auch einige wertvolle Tipps, Tricks und Kniffe, denn schließlich sind bestimmte Kenntnisse Voraussetzung für gute Kochergebnisse. Das gilt für Profis ebenso wie für ehrgeizige Hobbyköchinnen und -köche.
Für dieses Buch haben wir die unserer Meinung nach besten Knödelrezepte gesammelt und stellen sie Ihnen vor: herzhafte Pilz-, Käse- und Brennnesselknödel, süße Marillen- (Aprikosen-), Zwetschgen- und Erdbeerknödel. Aber auch deftigere Varianten wie Leber-, Kartoffel-, Buchweizen-, Schwarzbrot- oder Vollkornknödel finden Platz. Als Einlage zu schmackhaften Suppen finden Sie Grießnocken, Kräuter- und Pressknödel. Zu Gulasch, Ragout oder Pfifferlingen passen hingegen die verschiedenen Servietten- und Fastenknödel. Ebenso können Knödel mit Blatt-, Kräuter- oder Krautsalat als eigenständige Gerichte serviert werden.
Wir haben alle Rezepte persönlich ausprobiert, damit wir auch Knödelneulingen eine Garantie für das perfekte Gelingen bieten können. Oder, anders gesagt, damit das Ganze auch wirklich eine kugelrunde Sache wird.
Es würde uns freuen, wenn Ihnen dieses Buch ein wertvoller Ratgeber im Küchenalltag sein könnte.

Ihre Autoren

Helmut Bachmann — Heinrich Gasteiger

Inhalt

Die gute Südtiroler Küche

Die Besonderheiten einer Gegend, was die Verwendung von Nahrungsmitteln und die Essgewohnheiten betrifft, machen die Küche erst interessant und unverwechselbar. Voraussetzung für eine gehobene regionale Küche sind **frische Produkte** der landwirtschaftlichen Betriebe, die sich durch kleine Wirtschaftskreisläufe, kurze Transportwege, Vielfalt, transparente Kontrollsysteme und hohen Nährwert auszeichnen.
Wer dieser Überlegung folgt, kann den Kontakt zu den jeweiligen Lieferanten und Herstellern pflegen und dadurch die Qualität seiner Küche selbst in die Hand nehmen. So haben die Speisen in diesem Buch den Bezug zu den Wurzeln des Landes, sind aber auch verbunden mit Einflüssen aus der mediterranen Küchentradition und erfüllen gleichzeitig die Kriterien der modernen Küche. Vielleicht gelingt es uns mit Hilfe dieses Kochbuches zusätzlich, traditionelle Gerichte, die teilweise schon in Vergessenheit geraten sind, wieder auf den Tisch zu bringen.

Geschichte und Geschichten rund um den Tiroler Knödel

Auf die Frage nach dem *typischen Tiroler Gericht* würden die meisten wohl mit **Knödel** antworten. Die wenigsten aber wissen, was es mit dem Tiroler Knödel und einer Südtiroler Kapelle auf sich hat. Die **Burgkapelle von Hocheppan** in der Nähe von Bozen beherbergt einen einmaligen Freskenzyklus, der um 1180 entstanden ist. Ein Ausschnitt zeigt Maria im Wochenbett.

Glaubt man dem Fresko in der Burgkapelle von Hocheppan, gab es den Knödel schon um 1180.

Die Wehmutter steht an der Kochstelle, und siehe da, im Topf sieden fünf Knödel. Mit der rechten Hand hat die Wehmutter einen Knödel auf die Gabel gespießt und schiebt ihn zur Kostprobe in den Mund. Allerdings wissen wir nicht, welche Zutaten um 1180 in die Knödel gegeben wurden. Über die **Entstehung des Tiroler Knödels** erzählt man sich eine reizende Anekdote: Landsknechte seien durch Tirol gezogen und hungrig wie Bären in einem Gasthaus eingekehrt. Der Wirt sollte ihnen innerhalb kürzester Zeit ein Essen auf den Tisch stellen, sonst würden sie alles kurz und klein schlagen. Die Wirtin hatte aber fast nichts mehr in der Küche. Da nahm sie in ihrer Verzweiflung einfach alles, was da vorrätig war, schnitt Speck und Wurst und altes Brot zu kleinen Würfeln, vermengte es mit Milch und Mehl, bildete einfache Kugeln daraus, gab sie in siedendes Wasser, und nach einer knappen halben Stunde stellte sie der hungrigen Meute eine Schüssel mit diesem Verlegenheitsgericht auf den Tisch. Die Landsknechte waren – so erzählt es die Geschichte – hellauf begeistert. Und so soll er entstanden sein, der Tiroler Knödel.

Der **wahre Hintergrund** dürfte aber das karge Leben in den Bergen gewesen sein, das die Bauern erfinderisch machte. Die Landwirte waren Selbstversorger. Vermutlich haben sie alles, was die Speisekammer bot, vermengt und zu Knödeln geformt. Der Bauer hatte die Kornfelder, hatte seine Hofmühle für das Mehl, hatte den Speck, und Feder- und Rindvieh gaben ihm Eier und Milch.

AUS DEM VOLKSMUND

Der Volksmund sagt, dass die Knödel, sobald sie fertig gekocht sind, gleich gegessen werden sollen. **Wehe dem Gast, der die Köchin oder den Koch warten lässt.** Nach altem Brauch isst man den ersten Knödel in der Suppe, den zweiten mit gedünstetem Kraut, den dritten mit eingemachtem Fleisch und den vierten Knödel mit Salat.

Knödel zum Törggelen

Das Törggelen ist ein alter Südtiroler Herbstbrauch. Das Wort stammt von dem Begriff **Torggl** (Weinpresse, Traubenpresse) und ist die Bezeichnung für das Verkosten des neuen Weines, des **Nuien** – andernorts **Sußer** oder **Federweißer** genannt – am Ort seiner Entstehung, also in den Kellern der Weinhöfe. Das Törggelen erfreut sich weit über die Grenzen unseres Landes hinaus großer Beliebtheit und zieht in jedem Herbst tausende Besucher aus Nordtirol und dem süddeutschen Raum an. Auch die Norditaliener kennen einen ähnlichen Brauch, den sie **castagnata** nennen, was man mit Kastanienpartie übersetzen könnte.

Getörggelet wird heute von Anfang Oktober bis gegen Weihnachten. Das Törggelen kennt man vor allem im Eisacktal und im Burggrafenamt. Zum neuen Wein werden meist gebratene Kastanien, Speck, Almkäse, Schüttelbrot und Nüsse sowie die frischen Produkte des ersten Schlachtens gegessen, also saftige Hauswürste mit Kraut, **Knödel,** duftende, würzige Schweinerippchen oder »G'surtes« (Pökelfleisch) mit gebratenen Erdäpfeln, ein »Schöpsernes Bauernbratl« (vom Lamm) oder eine Gerstensuppe mit (geräuchertem) »Selchfleisch«.

Gerollte Speckknödel vor dem Kochen

Südtiroler Bauerngerichte als Alternativkost

In den vergangenen Jahren entstand vielerorts wieder reges Interesse an der einfachen und naturnahen Küche. Vermehrt wird heute auf Produkte zurückgegriffen, die im eigenen Land erzeugt werden. So erfreuen sich auch die Bauernmärkte immer größerer Beliebtheit. Die Südtiroler Bauernküche verwendet frische Erzeugnisse wie Speck, Butter, Topfen (Quark), Käse, Milch, Gemüse, Kräuter, Obst, Beeren und Honig – sie stellen auch die Basis für die eine oder andere Knödelvariante dar.

Typische Bauernkost: Dazu zählen etwa Schwarzplentene (Buchweizen-)Knödel, Käsenocken, Speckknödel, um nur einige Knödel zu nennen. Erdäpfelblattlen mit Zettelkraut, das Tiroler Vormas, das Pustra Tirtl, die Schlutzer, Blutnudeln, das Bauernschöpserne, die Strauben, die Ultner Mohnkrapfen, die Völser Spinatspatzlen sind weitere typische Gerichte der Bauernkost.

Kulturhistorische Dokumente: Alte Rezepte und Aufzeichnungen sind kulturhistorisch interessante Dokumente, aber die eigentliche Kochtradition wurde nicht mit der Feder weitergeführt, sondern mit der Nase und dem Gaumen der Leute, die am Herd kochen lernten und das Gelernte weiterzugeben und zu verfeinern imstande waren. Und das geschah vor allem in den Wirtshäusern.

Südtirols Gastronomie und ihre Eigenheit: Die Eigenheit der Südtiroler Gastronomie besteht in einem geographisch, politisch und historisch bedingten Konkurrenzkampf, nicht zwischen einzelnen Restaurant- und Gasthaustypen wie anderswo, sondern zwischen zwei Kulturen, der südlich-mediterranen und der alpenländisch-kontinentalen Kochkunst.

Speckknödel auf Blattsalaten
(Rezept siehe Seite 14)

»Knödel, Nocken, Nudel, Plenten sind die vier Tiroler Elementen«, sagt eine alte Tiroler Volksweisheit!

Knödelgerichte

Gute Knödel zeichnen sich durch eine lockere Konsistenz aus, sind aber gleichwohl so fest, dass sie beim Garen nicht zerfallen. Besonders beliebt sind Knödel vor allem in Südtirol, Österreich und Süddeutschland. In der norddeutschen Küche nennt man die Knödel Klöße. Sie werden auf vielfältige Weise zubereitet.

Knödel und Speck

Neben den vielen Spezialitäten der Südtiroler Küche muss der Speck mit seinem einzigartigen Aroma wohl an erster Stelle genannt werden.
Es ist die Entdeckung unserer Vorfahren, dass frisches Fleisch im Rauch der Feuerstelle vor dem allzu schnellen Verderben bewahrt werden kann. Salzen und Räuchern sind alte Konservierungsmethoden für Fleisch. Besonders für die ärmeren Bevölkerungsschichten stellten Räucherwaren wie **Kaminwurzen** und **Speck** oft die einzige Möglichkeit dar, auch in den Wintermonaten ab und zu ein Stück Fleisch als lebensnotwendige Energiequelle auf den Tisch zu bekommen.
Während der Bauer heute seinen Speck nur für den Hausgebrauch erzeugt, produzieren zahlreiche gewerbliche Betriebe in Südtirol für den europäischen Markt. Der Speck nimmt unter den Südtiroler Markenprodukten ohne Zweifel eine Spitzenstellung ein. Speck ist seit jeher ein fester Bestandteil der Südtiroler Küche. In vielen Gerichten findet er Verwendung, da er durch sein Aroma und seinen delikaten Rauchgeschmack den Speisen die unvergleichliche Note gibt. Wir präsentieren in diesem Buch einige Knödel-Rezepte mit Speck wie z. B. **Speckknödel, Grieß-Speckknödel, Schwarzpolentaknödel mit Speck** und **Knödel mit Speckkrautsalat.**

Knödel als Vorspeise oder in der Suppe

Zu den bekanntesten Knödeln zählt der **Südtiroler Speckknödel.** Er wird meist in der Fleischsuppe mit Schnittlauch oder als eigenständiges Gericht mit Salat gereicht.

Anbraten der Pressknödel (Rezept siehe Seite 30)

Serviettenknödelmasse zubereitet aus Knödelbrot, Eiern, Milch, Kräutern und Salz.

Die Masse mit nassen Händen zu einer Rolle vorformen.

Die Knödel in eine Klarsicht- und in eine Alufolie wickeln; dann kochen. Man kann sie auch in eine Stoffserviette einwickeln.

Leberknödel, Grießknödel, Schwarzpolentaknödel werden ebenfalls in der Suppe serviert. **Pressknödel** isst man vielfach mit gedünstetem Weiß- oder Rübenkraut oder in der Zwiebelsuppe.

Knödel als eigenständiges Gericht

Kartoffelknödel: Man unterscheidet von der Art der Zubereitung her drei verschiedene Massen: Knödel aus *gekochten Kartoffeln*, aus *rohen Kartoffeln* und aus *rohen und gekochten Kartoffeln*. Diese Knödel eignen sich vor allem als Beilage zu Braten mit Sauce, Rinds- oder Kalbsgulasch und zu Kalbsragout mit Salat oder Pilzsauce.
Schwarzpolentaknödel (Schwarzplentene Knödel): Der Knödelteig wird in der Regel aus einem Teil Brot, einem Teil Schwarzplentenmehl (Südtiroler Bezeichnung für Buchweizenmehl), Lauch, Petersilie, Schnittlauch und Südtiroler Graukas oder Speck hergestellt. Ein deftiges, aber auch delikates Gericht, etwa in der Kombination mit gedünstetem Lauch oder Gemüse.
Steinpilzknödel: Die Saison der frischen Pilze (Steinpilze, Pfifferlinge, Shiitake-Pilze, Champignons, Morcheln) sollte man auch in der Knödelküche nutzen, denn das Aroma der frischen Pilze harmoniert mit Knödeln ganz besonders gut. Von Trüffeln und Morcheln einmal abgesehen, sind die Steinpilze wohl mit Abstand die besten Pilze für solche Gerichte. In der Zeit ohne frische Ware kann man auf getrocknete Pilze zurückgreifen. Diese haben einen solch konzentrierten Geschmack, dass man sie in kleinen Mengen als Gewürz einsetzen kann. Dennoch sind sie niemals ein Ersatz für frische Pilze.

Knödel als Beilage

Semmelknödel / Fastenknödel: Sie werden aus schnittfestem Weißbrot (Semmel, Wecken) hergestellt.
Serviettenknödel: Diese lockeren Knödel sind besonders luftig, wenn man die Butter mit Eigelb schaumig rührt und unter die Knödelmasse gibt. Knödel werden vor allem mit viel Sauce serviert. Serviettenknödel sind aber auch pur zu genießen – in Scheiben geschnitten und mit etwas

Knödel müssen glatt geformt werden, wie beim rechten Knödel sichtbar.

Knödel und ihre Verwendung

Knödel in der Suppe	Knödelsalate	Salate zu Knödel	Knödel mit Käse
Speckknödel Leberknödel Grießknödel Schwarzplentenknödel	Knödelsalat Brezenknödel	Krautsalat Rübenkraut Blattsalate	Graukasknödel Pressknödel Topfenknödel
Knödel aus Gemüse	**Saucen zu Knödel**	**Knödel als Beilage**	**Knödel auf die süße Art**
Gemüseknödel Steinpilzknödel Rohnenknödel	Kräutersauce Käsesauce Pfifferlingsauce Tomatensahne	Serviettenknödel Fastenknödel	Marillen- (Aprikosen-), Zwetschgen-, Erdbeer-, Apfel-, Topfen-, Grieß-, Germknödel

Speckknödel in der Fleischsuppe

geriebenem Parmesan bestreut und mit Schnittlauch und brauner Butter serviert. Die ideale Beilage aber sind sie zu Fleischspeisen wie Rindsschmorbraten, Rindsgulasch, Hirschragout, Rehbraten oder auch zum Wiener Beuschel. Nicht zu vergessen sind Rahmpfifferlinge oder -steinpilze, zu denen diese Knödel besonders gut passen.

Fruchtknödel

Überaus beliebt sind die Fruchtknödel, also die süßen Knödel, die in gerösteten süßen Bröseln und meist auf einer Vanillesauce serviert werden. Man bereitet sie aus Kartoffel- oder Topfenteig zu. Dazu werden kleine Teigstücke mit Obst, beispielsweise mit Marillen (Aprikosen), Äpfeln, Zwetschgen, Erdbeeren oder Kirschen, gefüllt und bei schwacher Hitze in Salzwasser gegart oder im Backfett frittiert. Allerdings braucht es für geschmacklich gute Fruchtknödel auch die entsprechenden frischen, duftenden Früchte.

Marillen / Aprikosen: *Woran erkennt man gute Marillen?* Unreife Früchte sind sauer und schmecken fade. Geschmackvolle, reife Marillen haben mitunter schöne rote Flecken und riechen auch durch die Schale. Entscheidend ist aber auch die Konsistenz des Fruchtfleisches. Ist es zu weich, schmeckt die Marille fast mehlig. Zu harte Marillen können ebenfalls enttäuschen, weil sie nach dem Pflücken nicht mehr

Marillenknödel

Aus sämtlichen Knödelmassen können auch Nocken zubereitet werden; im Bild Spinatnocken.

nachreifen. Marillen müssen kühl gelagert und möglichst bald gebraucht werden.
Zwetschgen: *Wie soll die ideale Zwetschge für den Fruchtknödel aussehen?* Zwetschgen sollen prall und fest aussehen, keine rissige oder schrumpelige Haut haben. Wegen ihres festen, aromatischen, angenehm säuerlichen Fleisches eignen sich Zwetschgen sehr gut für Fruchtknödel.
Erdbeeren: *Welche Erdbeeren schmecken am besten?* Kleine Erdbeeren schmecken besser, vorausgesetzt natürlich, dass sie optimal reif sind. Die Reife der Erdbeeren zu erkennen ist ganz leicht: Sie haben keine weißen oder grünlichen Flecken, sind intensiv rot und locken mit ihrem feinen Duft.
Äpfel: *Kann man die Qualität eines Apfels an der Farbe erkennen?* Die Farbe eines Apfels sagt wenig über Qualität und Geschmack aus.

TIPP

Wenn Topfenknödel wirklich gut gelingen sollen, dann darf man nur trockenen Topfen (Quark) verwenden. Man kann den Topfen in einem Sieb oder in einem Tuch abtropfen lassen.

Reife Äpfel erkennt man an den breiten und tief liegenden Kelchgruben. Sind diese nicht sehr ausgeprägt, wurden die Äpfel möglicherweise unreif gepflückt. Aroma und Vitamine konnten sich noch nicht richtig entwickeln. Achten Sie beim Einkauf auf die Herkunft. Ein frischer, heimischer Apfel ist auf jeden Fall einem weit gereisten Exemplar vorzuziehen.

Welcher Wein zu Knödeln?

Zum Südtiroler »Nationalgericht«, dem Speckknödel, passt der »Nationalwein«, ein Gläschen Vernatsch oder St. Magdalener. Auch ein Blauburgunder würde hier munden.

St.-Magdalener-Wein harmoniert sehr gut zu würzigen Knödelgerichten.

Südtirols autochthone Sorte (nur hier angebaut), der Lagrein, kommt mit dem runden Genuss ebenso gut zurecht; da darf es auch schon etwas deftiger zugehen, wenn er etwa als Leber-, Pilz- oder Käseknödel daherkommt. Zu süßen Marillen- (Aprikosen-), Zwetschgen- und Erdbeerknödeln passt am besten ein Dessertwein aus Südtirol, Österreich oder Deutschland, der mit ähnlichen Duft- und Geschmacksnoten eine gelungene Harmonie erzeugen kann.

Brennnesselknödel auf Krautsalat

FÜR 4 PERSONEN, ETWA 12 KNÖDEL

Brennnesselknödel

150 g	schnittfestes Weißbrot oder Knödelbrot
100 ml	Milch
100 g	Käse (Bergkäse, Graukäse, Tilsiter oder Gorgonzola)
100 g	gekochte Brennnesseln, fein gehackt
2	Eier
1 EL	Mehl
	Salz
100 g	Butter zum Anbraten

Krautsalat

500 g	Weißkraut (Weißkohl)
	Salz
3 EL	Weißweinessig
4 EL	Öl
	weißer Pfeffer aus der Mühle

Gebackene Zwiebelringe

1	große Zwiebel
	Mehl zum Bestauben

Weiteres

4 EL	Parmesankäse, gerieben
4 EL	braune Butter
	Petersilienblätter
	Backfett

Brennnesselknödel: etwa 10 Minuten

Brennnesselknödel

- Brot in kleine Würfel schneiden und in eine Schüssel geben. Milch erwärmen, den Käse reiben oder in Würfel schneiden und mit Brot mischen. Brennnesseln zusammen mit Eiern, Mehl und Salz ebenfalls zum Brot geben.
- Die Masse gut durchkneten und 15 Minuten ruhen lassen.
- Zu Knödeln formen und diese mit der Hand flach drücken. In einer Pfanne Butter erhitzen und die Knödel auf beiden Seiten braun braten.
- In der Zwischenzeit reichlich Wasser in einem Topf zum Kochen bringen, salzen und die Knödel darin etwa 10 Minuten kochen.

Krautsalat

- Außenblätter des Weißkohls wegschneiden, den Kopf vierteln und den Strunk herausschneiden. Sehr fein schneiden oder hobeln und in Salzwasser kurz abkochen.
- Das warme Kraut in einer Schüssel mit Salz, Weißweinessig, Öl und Pfeffer würzen und vermischen.

Gebackene Zwiebelringe

- Zwiebel schälen, in nicht zu dünne Scheiben schneiden, so dass große Ringe entstehen, mit Mehl bestauben und etwas abklopfen.
- Zwiebelringe in heißem Backfett goldgelb backen, auf Küchenkrepp abtropfen lassen und leicht salzen.

Fertigstellung

- Das Kraut anrichten, den gekochten Brennnesselknödel draufgeben, mit Parmesan bestreuen und mit brauner Butter abschmälzen. Mit gebackenen Zwiebelringen und Petersilienblättern servieren.

TIPP

Für 100 g gekochte Brennnesseln brauchen Sie etwa 200 g rohe.

Speckknödel mit Blattsalaten

FÜR 4 PERSONEN, ETWA 12 KNÖDEL

Zutaten

150 g	schnittfestes Weißbrot oder Knödelbrot
40 g	Zwiebeln, fein geschnitten
1 EL	Butter
2 EL	Mehl
80 g	Speck, in feine Würfel geschnitten
100 ml	Milch oder Wasser
2	Eier
1 EL	Petersilie oder Schnittlauch, fein geschnitten
	Salz

Marinade

20 ml	Weißweinessig
2 EL	Wasser
	Salz
	Pfeffer aus der Mühle
50 ml	Olivenöl

Weiteres

120 g	Blattsalate wie Vogele-, Radicchio-, Friséesalat usw.
4	Radieschen, fein geschnitten
1 EL	Schnittlauch, fein geschnitten, zum Bestreuen

Speckknödel: 15–20 Minuten

Zubereitung (siehe vordere Umschlag-Innenseite)

- Brot in kleine Würfel schneiden.
- Zwiebelwürfel in Butter dünsten, über das Brot geben und vermischen.
- Mehl und Speck untermengen.
- Milch oder Wasser, Eier, Petersilie und Salz verrühren, über das Brot geben und alles gut vermengen.
- Die Masse etwa 15 Minuten ziehen lassen, daraus Knödel formen und im Salzwasser halb zugedeckt sieden.

Marinade

- Weißweinessig und Wasser mit Salz und Pfeffer verrühren und das Olivenöl kräftig unterrühren.

Fertigstellung

- Die Knödel mit gezupften und marinierten Blattsalaten, Radieschen und Schnittlauch anrichten und servieren.

VARIATION

Knödelsalat: Die gekochten, kalten Speckknödel in Scheiben schneiden und mit der Marinade und 50 g Zwiebelringen marinieren, mit Schnittlauch und Blattsalaten servieren. Anstelle der Speckknödel können Sie auch Serviettenknödel (siehe Seite 52) verwenden.

TIPPS

1. *Verwenden Sie trockenes Knödelbrot und lassen Sie die Masse gut durchziehen.*
2. *Wenn Sie die Knödel mit einem Löffel oder einer kleinen Schöpfkelle formen, wird die Oberfläche glatter und sie halten besser zusammen.*
3. *Je nach Geschmack können Sie den Speck auch rösten.*
4. *Servieren Sie die Speckknödel in einer kräftigen Fleischsuppe, als Beilage zu Schweinsbraten (Rippchen), Wild, Schmorbraten, Bauernschmaus, Rindsgulasch oder mit einem Krautsalat.*

Brezenknödel mit Kalbskopf

Für 4 Personen

Brezenknödel

- 200 g schnittfeste Laugenbrezen oder Laugenbrötchen
- 50 g Zwiebeln
- 2 EL Öl
- 100 g weiche Butter
- 2 Eier
- 1 Eigelb
- 150 ml Milch
- 2 EL Petersilie, fein geschnitten
- Salz
- Pfeffer aus der Mühle
- 2 EL Mehl

Tomatenmarinade

- 1 EL Zwiebeln, fein geschnitten
- 100 g Tomatenwürfel
- 2 EL Olivenöl
- 1 EL Apfelessig
- Salz
- Pfeffer aus der Mühle

Weiteres

- Butter zum Anrösten
- 4 Kalbskopfscheiben
- Vogelesalat (Feldsalat) zum Garnieren

Brezenknödel: etwa 20 Minuten

Brezenknödel

- Laugenbrezen oder -brötchen in Würfel schneiden.
- Zwiebel schälen, in feine Würfel schneiden und in Öl hellbraun rösten.
- Weiche Butter schaumig rühren, Eier und Eigelb untermischen und gut verrühren.
- Laugenbrot, Zwiebelwürfel, Milch zusammen mit Petersilie, Salz und Pfeffer zur Buttermasse geben.
- Mehl untermischen und alle Zutaten vermengen, bis eine glatte Masse entsteht.
- Den Teig etwa 10 Minuten ruhen lassen.
- Den Knödelteig auf eine Klarsichtfolie auftragen, zu einer Rolle (etwa 4 cm Ø) einrollen, mit einer Alufolie fixieren und in Salzwasser kochen lassen.

Tomatenmarinade

- Zwiebeln mit Tomatenwürfeln, Olivenöl und Apfelessig vermischen und mit Salz und Pfeffer würzen.

Fertigstellung

- Den Brezenknödel aus dem Wasser nehmen, auspacken, in Scheiben schneiden und in Butter kurz rösten.
- Die Knödelscheiben mit lauwarmem Kalbskopf, Tomatenmarinade und Vogelesalat servieren.

TIPPS

1. *Servieren Sie den Brezenknödel als Beilage zu Gulasch und Wildragout oder als Knödelsalat.*
2. *Verwenden Sie anstelle der Laugenbrezen Knödelbrot oder Schwarzbrot.*
3. *Sie können den Brezenknödel auch über Dampf garen.*

Steinpilznocken

FÜR 4 PERSONEN, ETWA 12 NOCKEN

Steinpilznocken

- 200 g schnittfestes Weißbrot oder Knödelbrot
- 150 g frische Steinpilze oder 20 g getrocknete Steinpilze
- 40 g Zwiebeln
- 1 Knoblauchzehe
- 2 EL Butter
- 2 EL Petersilie, fein geschnitten
- Salz
- Pfeffer aus der Mühle
- 1 EL Schnittlauch, fein geschnitten
- 100 ml Milch
- 3 Eier
- 2 EL Mehl

Weiteres

- Kräutersalate wie Rucola, Vogelesalat (Feldsalat), Pimpinelle, Kapuzinerkresse
- rohe Steinpilzscheiben
- geröstete Speckstreifen
- geröstete Brotwürfel
- Olivenöl, Zitronensaft, Salz und Pfeffer zum Marinieren
- Parmesanspäne

Steinpilznocken: etwa 15 Minuten

Steinpilznocken

- Brot in kleine Würfel schneiden.
- Steinpilze putzen und in kleine Würfel schneiden.
- Zwiebel und Knoblauch schälen und fein schneiden. In Butter dünsten, Pilze dazugeben und mitrösten. Mit Salz, Pfeffer, Petersilie und Schnittlauch abschmecken.
- Die Pilzmischung unter das Brot heben.
- Milch mit Eiern verrühren und ebenfalls dazugeben.
- Dann das Mehl untermischen.
- Die Masse etwa 15 Minuten zugedeckt ruhen lassen.
- Mit feuchten Händen oder einem Esslöffel kleine Nocken formen.
- Reichlich Salzwasser zum Kochen bringen und die Steinpilznocken darin kochen lassen.

Fertigstellung

- Kräutersalate, Steinpilze, Speck und Brotwürfel vermischen, mit Olivenöl, Zitronensaft, Salz und Pfeffer marinieren, über die Steinpilznocken geben und servieren.

TIPPS

1. *Sie können die Nocken auf einer leichten Rahmsauce, auf Steinpilzragout oder einfach nur mit brauner Butter und Käse abgeschmälzt servieren.*
2. *Geeignet auch als Beilage zu Wildgerichten.*
3. *Anstelle der Steinpilze können Sie auch Pfifferlinge verwenden.*

Grießnockensuppe

Für 4 Personen, etwa 8 Nocken

Fleischsuppe

500 g	Rindsknochen
300 g	mageres Rindfleisch (Suppenfleisch) von Brust oder Wade
300 g	Wurzelgemüse: 1 Zwiebel mit Schale, 1 Karotte, ½ Tomate, 50 g Stangensellerie, 30 g Lauch
3 l	Wasser
	Gewürze: ½ Lorbeerblatt, 4 Pfefferkörner, zerdrückt, 1 Knoblauchzehe, 1 Petersilienstängel, Salz

Grießnocken

60 g	Butter
	Salz
1 Prise	Muskatnuss
1	Ei (60 g)
120 g	Weizengrieß, mittelfein

Weiteres

Petersilie, grob gehackt

Fleischsuppe: etwa 2 Stunden
Grießnocken: etwa 25 Minuten

Fleischsuppe

- Rindsknochen etwa 10 Minuten in Wasser kochen lassen, um sie zu reinigen.
- Die überbrühten Knochen in kaltes Wasser geben und langsam zum Kochen bringen. Dabei mehrmals den Schaum und das Fett abschöpfen. Dann das Rindfleisch dazugeben und etwas salzen.
- Zwiebel mit der Schale halbieren und mit der Schnittfläche nach unten in einer Pfanne bräunen.
- Nachdem die Suppe etwa 1 Stunde gekocht hat, gebräunte Zwiebel, geputzte und gewaschene Karotte, Tomate, Stangensellerie, Lauch, Lorbeerblatt, Pfefferkörner, Knoblauchzehe und Petersilienstängel beigeben.
- Dann 1 weitere Stunde leicht kochen lassen.
- Die Suppe durch ein Tuch abseihen, entfetten und mit Salz abschmecken.

Grießnocken

- Weiche Butter schaumig rühren, salzen und mit Muskatnuss würzen.
- Das verrührte Ei nach und nach einrühren und den Weizengrieß mit einem Kochlöffel untermengen.
- Die Grießmasse etwa 15 Minuten rasten lassen (nicht im Kühlschrank).
- Mit einem Löffel kleine Nocken formen und in kochendes Salzwasser geben. Langsam zugedeckt garen lassen und in der heißen Fleischsuppe mit Petersilie servieren.

TIPPS

1. *Verwenden Sie für die Grießnocken immer temperiertes Ei.*
2. *Als Einlage können Sie auch gekochte Rindfleisch- und Gemüsestreifen servieren.*
3. *Sie können die gekochten Grießnocken auch mit Béchamelsauce gratinieren.*

Grieß-Speckknödel

FÜR 4 PERSONEN, ETWA 12 KNÖDEL

Zutaten

70 g	schnittfestes Weißbrot oder Knödelbrot
50 g	Speck
40 g	Zwiebeln
1 EL	Öl
125 ml	Milch
1 EL	Butter
1 Msp.	Muskatnuss
1 Prise	Salz
50 g	Weizengrieß
1	Ei
1 EL	Petersilie, fein geschnitten

Weiteres

1 l	Fleischsuppe (siehe Seite 20)
	Schnittlauch, fein geschnitten

Grießmasse: etwa 3 Minuten
Knödel: etwa 12 Minuten

Zubereitung

- Brot in kleine Würfel schneiden.
- Speck und Zwiebel in feine Würfel schneiden und in Öl rösten.
- Milch mit Butter, Muskatnuss und Salz aufkochen lassen, Weizengrieß einrieseln und etwa 3 Minuten unter ständigem Rühren kochen lassen.
- Brot, Ei und Petersilie unter die Speck-Grießmasse mischen.
- Den Knödelteig etwa 15 Minuten ruhen lassen.

Fertigstellung

- Kleine Knödel formen, in kochendem Salzwasser kochen lassen.
- In der Fleischsuppe mit Schnittlauch servieren.

TIPPS

1. *Als Einlage können Sie auch gekochte Lauchstreifen servieren.*
2. *Sie können die Grießknödel auch ohne Speck zubereiten.*
3. *Servieren Sie zu den Grieß-Speckknödeln gemischte Blattsalate, Krautsalat, Rote-Rüben-Salat oder Kartoffelsalat.*

Kräuternocken in der Fleischsuppe

FÜR 4 PERSONEN, ETWA 12 NOCKEN

Zutaten

40 g	Toastbrot ohne Rinde
50 g	weiche Butter
1	Ei
2 EL	Kräuter wie Petersilie, Schnittlauch, Kerbel oder Majoran, fein geschnitten
20 g	Mehl
	Salz
1 Prise	Muskatnuss

Weiteres

1 l	Fleischsuppe (siehe Seite 20)
	Kerbel zum Garnieren

Kräuternocken:
etwa 15 Minuten

Zubereitung

- Toastbrot mit den Händen oder in der Moulinette zu Bröseln reiben.
- Weiche Butter gut schaumig rühren.
- Ei, Petersilie, Schnittlauch, Kerbel oder Majoran, Mehl und Toastbrotbrösel untermengen.
- Die Nockenmasse salzen, mit Muskatnuss würzen und dann etwa 20 Minuten kühl stellen.

Fertigstellung

- Salzwasser zum Kochen bringen.
- Mit zwei nassen Kaffeelöffeln gleichmäßige Nocken formen und diese vom Löffel in die kochende Flüssigkeit gleiten lassen.
- Halb zugedeckt kochen lassen und in der heißen Fleischsuppe mit Kerbelblättchen servieren.

TIPPS

1. *Ei und Butter sollten unbedingt Zimmertemperatur haben.*
2. *Servieren Sie die Kräuternocken in einer kräftigen Zwiebelsuppe oder als Beilage zu Fleischgerichten oder zu Blattsalaten.*
3. *Anstelle der Kräuter können Sie auch geriebene Haselnüsse oder Pistazien verwenden.*

Markklößchen

Für 4 Personen,
etwa 16 Klösschen

Zutaten

200 g	Toastbrot ohne Rinde
150 g	Kalbsknochenmark
50 g	weiche Butter
2	Eier
1 EL	Petersilie, fein geschnitten
1 EL	Kerbel, fein geschnitten
20 g	Mehl
1 Prise	Muskatnuss
	Salz

Weiteres

1 l	Fleischsuppe (siehe Seite 20)
4 EL	Karotten, Sellerie und Lauch, in Streifen geschnitten und gekocht
1 EL	Schnittlauch, fein geschnitten

Markklößchen:
etwa 15 Minuten

Zubereitung

- Toastbrot mit den Händen oder in der Moulinette zu Bröseln reiben.
- Kalbsmark durch ein feines Teesieb streichen und mit weicher Butter gut schaumig rühren.
- Eier, Petersilie, Kerbel, Mehl und die Toastbrotbrösel untermengen.
- Die Masse mit Muskatnuss würzen und salzen, dann etwa 20 Minuten kühl stellen.
- Reichlich Wasser salzen und zum Kochen bringen. Mit zwei nassen Kaffeelöffeln gleichmäßige Klößchen (Nocken) formen und diese vom Löffel in das kochende Wasser geben.
- Halb zugedeckt kochen lassen.

Fertigstellung

- Klößchen in einen tiefen Teller geben und mit heißer Fleischsuppe übergießen.
- Mit Gemüsestreifen und Schnittlauch servieren.

TIPPS

1. *Das Mark mindestens 1 Stunde kalt wässern, damit sich die Blutgerinnsel lösen.*
2. *Eier, Mark und Butter sollten unbedingt Zimmertemperatur haben.*
3. *Die Markklößchen können Sie auch als Beilage zu Wildgerichten und Rindfleischspeisen servieren.*

Leberknödelsuppe

FÜR 4 PERSONEN, ETWA 16 KNÖDEL

Zutaten

120 g	schnittfestes Weißbrot oder Knödelbrot
30 g	Zwiebeln, fein geschnitten
30 g	Butter
150 g	Rinds- oder Kalbsleber
50 g	Kalbsnierenfett
80 ml	Milch
1	Ei
1 EL	Petersilie, fein geschnitten
½ TL	Majoran, fein geschnitten
1 Msp.	Zitronenschale, gerieben
1	Knoblauchzehe, fein gehackt
	Salz
	Pfeffer aus der Mühle

Weiteres

1 l	Fleischsuppe (siehe Seite 20)
	Schnittlauch, fein geschnitten

Leberknödel:
etwa 20 Minuten

Zubereitung

- Brot in kleine Würfel schneiden.
- Zwiebelwürfel in Butter dünsten.
- Rinds- oder Kalbsleber und Kalbsnierenfett mit gedünsteten Zwiebelwürfeln fein faschieren.
- Milch, Ei und Gewürze (Petersilie, Majoran, Zitronenschale, Knoblauch, Salz und Pfeffer) mit der Leber verrühren.
- Leber unter das Brot mischen und alles gut vermengen.
- Die Knödelmasse etwa 30 Minuten zugedeckt kühl stellen.

Fertigstellung

- Aus der Masse Knödel formen und im kochenden Salzwasser halb zugedeckt sieden lassen.
- Knödel in Suppentellern anrichten, Fleischsuppe dazugießen und mit Schnittlauch servieren.

TIPPS

1. *Servieren Sie die Leberknödel anstatt in einer Fleischsuppe mit gemischtem Salat oder mit Sauerkraut.*
2. *Rinds- oder Kalbsleber und Kalbsnierenfett gibt es bereits faschiert zu kaufen.*
3. *Servieren Sie zu den Knödeln Kartoffelsalat oder Rettichsalat.*

Pressknödel in der Zwiebelsuppe

Für 4 Personen, etwa 8 Knödel

Pressknödel

150 g	schnittfestes Weißbrot oder Knödelbrot
100 ml	Milch
100 g	Graukäse oder Gorgonzola
2	Eier
1 EL	Mehl
2 EL	Schnittlauch oder Petersilie, fein geschnitten
	Salz

Zwiebelsuppe

200 g	Zwiebeln
30 ml	Olivenöl
50 ml	Weißwein
1 l	Fleischsuppe (siehe Seite 20) oder Wasser
½	Knoblauchzehe
1	Lorbeerblatt
1	Thymianzweig
	Salz
	Pfeffer aus der Mühle

Weiteres

Butter zum Anbraten der Knödel

gebackene Zwiebelringe (siehe Seite 12), geraspelter Kren und fein geschnittener Schnittlauch zum Garnieren

Zwiebelsuppe: etwa 30 Minuten
Pressknödel: etwa 8 Minuten

Pressknödel

- Brot in kleine Würfel schneiden und in eine Schüssel geben.
- Milch erwärmen und die Hälfte des Graukäses darin auflösen.
- Die andere Hälfte zerreiben oder in Würfel schneiden und zusammen mit Eiern, Mehl, Schnittlauch und Salz zum Knödelbrot geben.
- Die Masse gut durchkneten und etwa 15 Minuten ruhen lassen.
- Zu runden Knödeln formen und diese mit der Hand flach drücken.
- In einer Pfanne Butter erhitzen und die Pressknödel auf beiden Seiten braun braten.

Zwiebelsuppe

- Zwiebeln schälen, in Längsstreifen schneiden und im Olivenöl goldgelb rösten.
- Mit Weißwein ablöschen und mit Fleischsuppe oder Wasser aufgießen.
- Die Suppe aufkochen lassen und mit Knoblauch, Lorbeerblatt, Thymian, Salz und Pfeffer würzen.
- Alles zusammen kochen lassen.

Fertigstellung

- In der Zwischenzeit reichlich Salzwasser in einem Topf zum Kochen bringen und die Pressknödel darin köcheln lassen.
- Die Pressknödel in der heißen Zwiebelsuppe mit gebackenen Zwiebelringen, Krenstreifen und Schnittlauch servieren.

TIPPS

1. *Servieren Sie die Pressknödel in einer Fleischsuppe, mit gemischtem Salat oder mit Rübenkraut.*
2. *Sie können die Knödel auch mit Rohnensalat oder gedünstetem Weißkraut servieren.*

Käsenocken mit Kürbis und Bergkäse

doppelte Menge für 3 Personen

FÜR 4 PERSONEN, ETWA 12 NOCKEN

Käsenocken

- 150 g schnittfestes Weißbrot oder Knödelbrot
- 30 g Zwiebeln
- 20 g Butter
- 100 g Käse (Graukäse, Tilsiter oder Bergkäse)
- 2 Eier
- 80 ml Milch
- 100 g Topfen (Quark)
- 1 EL Mehl
- Salz

Kürbispüree

- 2 EL weißer Lauch, in feine Würfel geschnitten
- 1 EL Butter
- 400 g Kürbis, geschält und gewürfelt
- Salz
- Pfeffer
- 1 TL Thymian, fein geschnitten

Weiteres

- 40 g Bergkäse, geraspelt
- 30 g braune Butter
- 2 EL gebackene Petersilie zum Garnieren

Käsenocken: etwa 15 Minuten
Kürbis: etwa 5 Minuten

Käsenocken

- Brot in kleine Würfel schneiden.
- Zwiebel schälen, fein schneiden und in Butter dünsten.
- Käse in kleine Würfel schneiden und mit gedünsteter Zwiebel zum Brot geben.
- Eier mit Milch verrühren und zusammen mit dem Topfen zum Brot geben.
- Mit Mehl vermischen, salzen, gründlich vermengen und etwa 10 Minuten ruhen lassen.
- Mit nassen Händen Nocken formen.
- Reichlich Salzwasser in einem großen Topf zum Kochen bringen, die Nocken in das siedende Wasser geben und kochen lassen.

Kürbispüree

- Lauch in Butter dünsten, Kürbiswürfel dazugeben, mit Salz, Pfeffer und Thymian würzen und etwa 5 Minuten bei schwacher Hitze dünsten.
- Die Hälfte der Würfel bereitstellen und den Rest mit dem Pürierstab fein pürieren.

Fertigstellung

- Die Nocken gut abtropfen lassen, mit Kürbispüree sowie Kürbiswürfeln anrichten und mit Bergkäse bestreuen. Mit gebräunter Butter übergießen und mit gebackener Petersilie servieren.

TIPPS

1. *Aus dieser Nockenmasse können Sie auch **Käseknödel** formen.*
2. *Servieren Sie die Käsenocken mit gemischtem Salat, Rucola-, Krautsalat oder gedünstetem Weißkraut.*
3. *Anstelle des Kürbisses können Sie auch Sauerkraut, Gurkensalat oder Spinat dazuservieren.*
4. *Für dieses Gericht können Sie auch Käsereste verwenden.*
5. *Für die gebackene Petersilie die gewaschenen, getrockneten Petersilienblätter in heißem Fett kurz frittieren.*

Knödelsoufflé

FÜR 4 PERSONEN

Soufflémasse

- 100 g schnittfestes Weißbrot oder Knödelbrot
- 30 g Zwiebeln
- 20 g Butter
- 80 g gereifter Bergkäse oder Tilsiter
- 3 Eigelb
- 50 ml Milch
- 2 EL Ricotta
- 2 EL Majoran, fein geschnitten
- Salz
- 4 Eiweiß

Weiteres

- weiche Butter zum Ausstreichen der Formen
- 4 hauchdünne Schwarzbrotscheiben zum Auslegen der Formen

Lauchbutter

- 200 g Lauch, in Streifen geschnitten
- 80 g Butter
- Salz
- 100 g geröstete Pfifferlinge
- Majoran

Knödelsoufflè: etwa 180 Grad

Knödelsoufflè: etwa 20 Minuten

Soufflémasse

- Brot in kleine Würfel schneiden.
- Zwiebel schälen, fein schneiden und in Butter dünsten.
- Käse in kleine Würfel schneiden und mit gedünsteter Zwiebel zum Brot geben.
- Eigelb mit Milch verrühren und zusammen mit Ricotta und Majoran zum Brot geben.
- Mit Salz würzen und gründlich vermengen und etwa 10 Minuten ruhen lassen.
- Eiweiß zu Schnee schlagen und unter die Knödelmasse heben.
- Die Auflaufformen mit Butter ausstreichen und mit den dünnen Schwarzbrotscheiben auslegen (das Brot soll etwa 2 cm über die Form hinausstehen).
- Die Soufflémasse in die ausgelegten Formen drei Viertel voll einfüllen und im vorgeheizten Backofen backen.

Lauchbutter

- Lauch in Butter dünsten, mit Salz würzen und mit gerösteten Pfifferlingen und Majoran vermischen.

Fertigstellung

- Lauchbutter auf Tellern anrichten, Knödelsoufflé daraufgeben, mit Majoran garnieren und servieren.

TIPPS

1. *Wenn Sie den Schwarzbrotweggen einfrieren, können Sie mit der Aufschnittmaschine hauchdünne Scheiben schneiden.*
2. *Sie können die Soufflémasse auch ohne Brotscheiben in eine ausgebutterte und gebröselte Form füllen.*

Gefüllte Kartoffelknödel

FÜR 4 PERSONEN, ETWA 12 KNÖDEL

Kartoffelteig

- 400 g mehlige Kartoffeln
- 1 Eigelb
- 1 EL zerlassene Butter
- 120 g Mehl
- Salz

Pfifferlingfüllung

- 40 g Zwiebeln, fein geschnitten
- ½ Knoblauchzehe, fein gehackt
- 50 ml Olivenöl
- 300 g Pfifferlinge, in kleine Würfel geschnitten
- 1 TL Petersilie, fein geschnitten
- Salz
- Pfeffer aus der Mühle

Weiteres

- 200 g gedünsteter Fenchel, in Streifen geschnitten
- 30 g Parmesan, gerieben
- 40 g braune Butter
- Pimpinelleblätter zum Garnieren

Kartoffeln: etwa 20 Minuten
Knödel: etwa 10 Minuten

Kartoffelteig

- Kartoffeln schälen, in 2 x 2 cm große Würfel schneiden und in Salzwasser kochen.
- Abseihen und etwas ausdämpfen lassen (damit sie trocken sind).
- Kartoffeln durch die Kartoffelpresse drücken, mit Eigelb und Butter verkneten und dann etwa 10 Minuten erkalten lassen.
- Mehl und Salz unter die Kartoffelmasse kneten.

Pfifferlingfüllung

- Zwiebel und Knoblauch in Olivenöl dünsten, Pfifferlinge dazugeben und mitdünsten.
- Mit Petersilie, Salz und Pfeffer würzen und erkalten lassen.

Fertigstellung

- Den Kartoffelteig 1 cm dick ausrollen und runde (6–7 cm Ø) Blätter ausstechen.
- Die Pfifferlingfüllung auf die Kartoffelteigblätter geben und den Teig zu Knödeln formen.
- In kochendes Salzwasser geben und kochen.
- Fenchel auf Tellern anrichten und Knödel daraufgeben.
- Mit Parmesan bestreuen, mit brauner Butter beträufeln, mit Pimpinelleblättern garnieren und servieren.

TIPPS

1. *Anstelle der Pfifferlingfüllung können Sie auch eine Gemüse-, Spinat- oder Sauerkrautfüllung verwenden.*
2. *Sie können die Knödel auf einer Käsesauce oder einfach nur mit Almkäse und brauner Butter servieren.*
3. *Servieren Sie verschiedene Gemüse oder Blattsalate dazu.*

Mangoldknödel auf Gorgonzolasauce

FÜR 4 PERSONEN, ETWA 12 KNÖDEL

Mangoldknödel

150 g	schnittfestes Weißbrot oder Schwarzbrot (Vinschgerlen)
60 g	Zwiebeln
1	Knoblauchzehe
2 EL	Butter
200 g	gekochte Mangoldblätter
	Salz
	Pfeffer aus der Mühle
1 Msp.	Muskatnuss, gerieben
2	Eier
50 ml	Milch
30 g	Gorgonzola
1 EL	Mehl

Gorgonzolasauce

100 g	Gorgonzola
100 ml	Sahne
	Salz
	Pfeffer aus der Mühle

Weiteres

30 g	Parmesanschleifen
70 g	braune Butter
	Kräuter wie Kerbel, Koriander und Majoran

Mangoldknödel

- Brot in kleine Würfel schneiden.
- Zwiebel und Knoblauch schälen, klein schneiden und in Butter dünsten.
- Mangold fein hacken, dazugeben und mit Salz, Pfeffer und geriebener Muskatnuss würzen.
- Mangold, Eier, Milch, Gorgonzola und Mehl zum Brot geben und kräftig durchmischen.
- Etwa 15 Minuten zugedeckt ruhen lassen.
- Mit nassen Händen Knödel formen, in kochendes Salzwasser geben und sieden lassen.

Gorgonzolasauce

- Gorgonzola mit Sahne aufkochen und fein mixen. Sollte der Gorgonzola zu mild sein, eventuell mit Salz und Pfeffer nachwürzen.

Fertigstellung

- Die Mangoldknödel auf die Gorgonzolasauce geben und mit Parmesanschleifen (dünn gehobeltem Parmesan), brauner Butter und Kräutern servieren.

VARIATION

Lauchknödel auf Gorgonzolasauce: Ersetzen Sie die Mangoldblätter mit klein geschnittenem Lauch.

Mangoldknödel: etwa 20 Minuten

TIPPS

1. *Servieren Sie die Knödel auf geschmolzenen Tomatenwürfeln.*
2. *Sie brauchen für 200 g gekochten Mangold etwa doppelt so viel rohen.*
3. *Servieren Sie zu den Mangoldknödeln einen Rote-Rüben- oder Kartoffel-Rucola-Salat.*
4. *Anstelle des Mangolds können Sie auch Spinat oder Brennnesseln verwenden.*

Rohnenknödel mit Parmesansauce

Für 4 Personen, etwa 8 Knödel

Rohnenknödel

- 120 g schnittfestes Weißbrot oder Knödelbrot
- 50 g Zwiebeln, fein geschnitten
- 20 g Butter
- 100 g gekochte Rohnen (Rote Bete)
- 2 Eier
- 50 g Graukäse oder Gorgonzola
- 20 g Mehl
- Salz
- 1 TL Petersilie, fein geschnitten

Parmesansauce

- 100 ml Sahne
- 50 g Parmesan
- Salz
- weißer Pfeffer aus der Mühle

Weiteres

- 100 g Lauchstreifen, in Butter gedünstet
- 80 g gekochte Rohnenstreifen

Rohnenknödel: etwa 15 Minuten

Rohnenknödel

- Weißbrot in kleine Würfel schneiden.
- Zwiebelwürfel in Butter dünsten und über das Brot geben.
- Rohnen schälen, in Stücke schneiden, dann mit den Eiern im Mixer pürieren und mit zerbröseltem Graukäse oder Gorgonzola zum Brot geben.
- Mehl dazugeben, mit Salz und Petersilie würzen, alle Zutaten gut vermischen und die Masse etwa 15 Minuten ruhen lassen.
- Aus der Knödelmasse nicht zu große Knödel formen und in Salzwasser kochen.

Parmesansauce

- Sahne aufkochen, vom Feuer nehmen, Parmesan dazugeben und fein mixen. Eventuell mit Salz und Pfeffer würzen.

Fertigstellung

- Die Knödel auf gedünstetem Lauch anrichten und mit Rohnenstreifen und Parmesansauce servieren.

TIPPS

1. *Die Knödel nicht zu lange im Wasser liegen lassen, sonst verlieren sie die Farbe.*
2. *Rohnenknödel eignen sich auch als Beilage zu Geflügel und Wildgerichten.*

Topfennocken auf Spinatcreme

Für 4 Personen, etwa 12 Nocken

Topfennocken

60 g	Toastbrot (5 Scheiben)
50 g	weiche Butter
250 g	Topfen (Quark)
2	Eier
	Salz
1 Msp.	Muskatnuss, gerieben
20 g	Mehl

Spinatcreme

50 g	Butter
50 g	Zwiebeln, fein geschnitten
1	Knoblauchzehe, fein gehackt
200 g	gekochter Spinat, passiert
50 ml	Sahne
	Salz
	Pfeffer aus der Mühle

Weiteres

50 g	Parmesan, gerieben
1 EL	geröstete Brotwürfel
80 g	braune Butter

Topfennocken: etwa 10 Minuten

Topfennocken

- Vom Toastbrot die Rinde entfernen und das Brot in der Moulinette mixen.
- Butter schaumig rühren, Topfen dazugeben, Eier nach und nach einrühren und mit Salz und geriebener Muskatnuss würzen.
- Toastbrotbrösel und Mehl mit dem Kochlöffel unter die Eimasse heben und etwa 20 Minuten im Kühlschrank ruhen lassen.
- Anschließend mit einem Esslöffel Nocken formen.

Spinatcreme

- Butter in einem Topf schmelzen lassen und Zwiebel und Knoblauch darin dünsten.
- Spinat und Sahne dazugeben, alles aufkochen lassen, mit Salz und Pfeffer abschmecken und die Creme eventuell nochmals mit dem Pürierstab fein pürieren.

Fertigstellung

- Reichlich Wasser zum Kochen bringen, salzen, die Topfennocken hineingeben und halb zugedeckt leicht sieden lassen.
- Mit einer Schöpfkelle herausnehmen und auf Tellern oder einer Platte auf der Spinatcreme anrichten.
- Die Nocken mit geriebenem Parmesan bestreuen und mit gerösteten Brotwürfeln und brauner Butter servieren.

TIPPS

1. *Machen Sie zuerst eine Kochprobe. Wenn die Masse zu weich ist, mischen Sie noch etwas Toastbrotbrösel unter den Teig.*
2. *Anstelle der Spinatcreme servieren Sie geschmolzene Tomatenwürfel.*
3. *Sie können auch Ziegentopfen oder Büffelricotta verwenden.*
4. *Für 200 g passierten Spinat brauchen Sie etwa 400 g rohen.*

Spinatknödel

FÜR 4 PERSONEN, ETWA 8 KNÖDEL

Zutaten

150 g	schnittfestes Weißbrot oder Knödelbrot
60 g	Zwiebeln
1	Knoblauchzehe
2 EL	Butter
200 g	gekochter Blattspinat
	Salz
	Pfeffer aus der Mühle
1 Msp.	Muskatnuss, gerieben
2	Eier
50 ml	Milch
30 g	Käsewürfel (Bergkäse, Schnittkäse)
1 EL	Mehl

Weiteres

30 g	Parmesan, gerieben
70 g	braune Butter

Spinatknödel:
etwa 20 Minuten

Zubereitung

- Brot in kleine Würfel schneiden.
- Zwiebel und Knoblauch schälen, klein schneiden und in Butter dünsten.
- Blattspinat fein hacken, dazugeben und mit Salz, Pfeffer und geriebener Muskatnuss würzen.
- Spinat mit Eiern in einem Mixer oder mit einem Pürierstab pürieren.
- Pürierten Spinat, Milch, Käsewürfel, Mehl, Salz und Pfeffer zum Brot geben und kräftig durchmischen.
- Etwa 15 Minuten zugedeckt ruhen lassen.
- Inzwischen einen großen Topf Wasser zum Kochen bringen.
- Mit nassen Händen oder einem Löffel Knödel formen, in das kochende Salzwasser geben und sieden lassen.
- Die Spinatknödel auf Teller oder eine Servierplatte geben und mit geriebenem Parmesan und brauner Butter servieren.

TIPPS

1. *Aus dieser Spinatknödelmasse können Sie auch Spinatnocken herstellen.*
2. *Servieren Sie die Knödel auf einer leichten Rahmsauce mit geschmolzenen Tomatenwürfeln oder mit grob gehobeltem Bergkäse und Nussbutter.*
3. *Sie brauchen für 200 g gekochten Blattspinat etwa doppelt so viel rohen.*
4. *Sie können die Knödel auch mit gekochten Brennnesseln oder Mangold anstatt mit Spinat zubereiten.*

Schwarzpolentaknödel

FÜR 4 PERSONEN, ETWA 8 KNÖDEL

Schwarzpolentaknödel

120 g	schnittfestes Weißbrot oder Knödelbrot
80 g	Lauch, in feine Würfel geschnitten
1	Knoblauchzehe, fein gehackt
100 g	Bauchspeck, in kleine Würfel geschnitten
50 g	Butter
100 ml	Milch oder Wasser
2	Eier
1 EL	Petersilie, fein geschnitten
100 g	Schwarzpolentamehl (grobes Buchweizenmehl)
	Salz

Rettichsalat

200 g	weißer Rettich
2 EL	Traubenkernöl oder Samenöl
1 EL	weißer Balsamicoessig oder Weißweinessig
1 TL	Petersilie, fein geschnitten
1 TL	Meerrettich, gerieben
	Salz
	Pfeffer aus der Mühle

Weiteres

Parmesankäse, gerieben
Schnittlauch, fein geschnitten
braune Butter

Schwarzpolentaknödel: etwa 30 Minuten

Schwarzpolentaknödel

- Das Brot in kleine Würfel schneiden.
- Lauchwürfel, Knoblauch und Speck in Butter dünsten und zum Brot geben.
- Milch oder Wasser, Eier, Petersilie, Schwarzpolentamehl und Salz zum Brot geben und alles gut vermengen.
- Die Knödelmasse etwa 30 Minuten zugedeckt kühl stellen
- Knödel formen und im kochenden Salzwasser halb zugedeckt sieden.

Rettichsalat

- Den Rettich schälen und in feine Streifen schneiden.
- Traubenkernöl oder Samenöl, Balsamicoessig oder Weißweinessig, Petersilie, Meerrettich, Salz und Pfeffer mit den Rettichstreifen vermischen.

Fertigstellung

- Rettichsalat auf Tellern anrichten, Knödel daraufgeben, mit Parmesan und Schnittlauch bestreuen, mit brauner Butter beträufeln und servieren.

VARIATION

Schwarzpolenta-Käseknödel: Sehr gut schmecken die Knödel (ohne Speck) auch mit einem Stück Graukäse oder Gorgonzola in der Mitte des Knödels (siehe Foto rechts).

TIPPS

1. *Servieren Sie die Schwarzpolentaknödel in einer Fleischsuppe, zu Gulasch oder mit Rübenkraut.*
2. *Statt Weißbrot kann auch Schwarzbrot verwendet werden.*
3. *Servieren Sie die Knödel mit einer Käsesauce oder auf Sauerkraut.*

Reisorangen

Für 4 Personen, etwa 12 Knödel

Zutaten

50 g	Zwiebeln
2 EL	Öl
200 g	Rundkornreis (Arborio, Carnaroli oder Vialone)
1	Briefchen Safranpulver
40 ml	Weißwein
1 l	Fleischsuppe (siehe Seite 20) oder Wasser
2	Eigelb
2 EL	Parmesan, gerieben
	Salz
100 g	Mozzarella, in Würfel geschnitten
	Mehl, Eier und Semmelbrösel zum Panieren

Tomatensauce

50 g	Zwiebeln
500 g	frische Tomaten oder Tomaten aus der Dose
2 EL	Olivenöl
1	Knoblauchzehe, fein gehackt
4	Basilikumblätter
	Salz, Pfeffer aus der Mühle
2 EL	Butter

Weiteres

Backfett
Petersilie zum Garnieren
Olivenöl zum Garnieren

Risotto: 18–20 Minuten
Orangen: etwa 170 Grad
Orangen: etwa 3 Minuten
Tomatensauce: etwa 20 Minuten

Zubereitung

- Zwiebel schälen, in feine Würfel schneiden und in Öl dünsten. Reis dazugeben und kurz glasig dünsten.
- Safranpulver im Weißwein auflösen und zum Reis geben, nach und nach mit Fleischsuppe aufgießen, des Öfteren umrühren und kochen lassen, bis der Reis gar ist.
- Den Risotto vom Herd nehmen und etwas auskühlen lassen. Eigelb und Parmesan dazugeben, mit Salz würzen, umrühren und 15 Minuten auskühlen lassen.
- Aus der Reismasse mit angefeuchteten Händen kleine Kugeln formen und die Mozzarella hineindrücken, dann zu runden Knödeln rollen.
- Die Knödel in Mehl wenden, im verquirlten Ei drehen und in Semmelbröseln wälzen.

Tomatensauce

- Zwiebel schälen und in feine Würfel schneiden.
- Tomaten waschen, schälen und in Stücke schneiden.
- Olivenöl leicht erhitzen und Zwiebel und Knoblauch darin dünsten.
- Tomaten und Basilikum dazugeben, mit Salz und Pfeffer würzen und leicht köcheln lassen.
- Die Tomatensauce mit der Handpassiermaschine fein passieren und mit Butter abschmecken.

Fertigstellung

- Die Reisorangen im heißen Fett backen, auf Küchenkrepp abtropfen lassen und mit Tomatensauce, Parmesanhippe (siehe Tipp), Petersilie und Olivenöl garnieren und servieren.

TIPP

Für die **Parmesanhippe** *4 Esslöffel Parmesankäse in eine beschichtete Pfanne streuen, vorsichtig den Käse schmelzen lassen, umdrehen und fertig backen.*

Kräuterknödel mit Kalbsragout

FÜR 4 PERSONEN, ETWA 12 KNÖDEL

Kräuterknödel

200 g schnittfestes Weißbrot oder Knödelbrot
50 g Zwiebeln
2 EL Butter
2 Eier
150 ml Milch
Salz und Pfeffer
2 EL Kräuter wie Petersilie, Schnittlauch, Kerbel oder Majoran, fein geschnitten
2 EL Mehl

Kalbsragout

800 g Kalbsschulter
Salz und Pfeffer
2 EL Mehl
50 ml Öl zum Anbraten
200 g Zwiebeln, in Würfel geschnitten
1 EL Tomatenmark
60 ml Weißwein
1 l braune Kalbsbrühe, Fleischsuppe (siehe Seite 20) oder Wasser
50 ml Sahne
1 TL Knoblauchzehe, Kümmel, Majoran, Zitronenschale

Weiteres

geviertelte Champignons, gedünstet
gekochte Gartenkarotten
Rosmarin- und Majoranzweige zum Garnieren

Kräuterknödel: etwa 15 Minuten
Kalbsragout: 1½–2 Stunden

Kräuterknödel

- Brot in kleine Würfel schneiden.
- Zwiebel schälen, in feine Würfel schneiden und in Butter hellbraun dünsten.
- Eier und Milch verrühren, salzen und pfeffern und zusammen mit Kräutern und gedünsteten Zwiebelwürfeln über das Brot geben.
- Mehl untermischen und alle Zutaten vermengen, bis ein glatter Teig entsteht. Etwa 10 Minuten ruhen lassen.
- Mit nassen Händen kleine Knödel formen und diese in reichlich Salzwasser kochen und servieren.

Kalbsragout

- Fleisch in etwa 30 g schwere Würfel schneiden, mit Salz und Pfeffer würzen und mit Mehl bestauben.
- In einem Topf Öl erhitzen, Fleisch anrösten, dann wieder herausnehmen. Zwiebeln in demselben Topf leicht anrösten, Tomatenmark dazugeben und mitrösten.
- Mit etwas Weißwein ablöschen, Fleisch dazugeben und mitrösten, bis der Fleischsaft verdunstet ist.
- Nun noch einige Male mit Weißwein ablöschen, bis eine schöne braune Farbe entstanden ist, dann mit brauner Kalbsbrühe aufgießen und dünsten lassen.
- Fleisch herausnehmen und warm stellen.
- Sahne in die Sauce geben und einkochen lassen, bis sie eine cremige, nicht zu dicke Konsistenz hat. Mit dem Pürierstab aufmixen und über das Fleisch gießen.
- Nun Knoblauch, Kümmel, Majoran und Zitronenschale fein hacken, dazugeben und kurz aufkochen lassen.

Fertigstellung

- Das Ragout mit Kräuterknödeln, Champignons und Gartenkarotten anrichten, mit Rosmarin- und Majoranzweigen garnieren und servieren.

Serviettenknödel mit Rindsgulasch

Für 4 Personen

Serviettenknödel

200 g	schnittfestes Weißbrot oder Knödelbrot
50 g	Zwiebeln
2 EL	Öl
100 g	weiche Butter
2	Eier
1	Eigelb
150 ml	Milch
2 EL	Petersilie, fein geschnitten
	Salz und Pfeffer
2 EL	Mehl

Rindsgulasch

500 g	Zwiebeln, in Streifen geschnitten
4 EL	Öl zum Anbraten
800 g	Rindfleisch (Schulter), 40 g große Würfel
2 EL	Tomatenmark
1/2 EL	Paprikapulver, edelsüß
125 ml	Rotwein
1 TL	Weißweinessig
2 l	Wasser
1	Lorbeerblatt
1 TL	Kümmel, Knoblauch, Majoran, Zitronenschale, fein gehackt
	Salz
	Pfeffer aus der Mühle

Weiteres

Kerbel zum Garnieren
glasierte Perlzwiebeln

Gulasch: 2 1/2–3 Stunden
Serviettenknödel: 25–30 Min.

Serviettenknödel

- Brot in kleine Würfel schneiden.
- Zwiebel schälen, in feine Würfel schneiden und in Öl hellbraun rösten.
- Weiche Butter schaumig rühren, Eier und Eigelb untermischen und gut verrühren.
- Knödelbrot, Zwiebelwürfel und Milch zusammen mit Petersilie, Salz und Pfeffer zur Buttermasse geben. Mehl untermischen und alle Zutaten vermengen, bis eine glatte Masse entsteht. Den Teig etwa 10 Minuten ruhen lassen.
- Den Knödelteig auf eine nasse Stoffserviette oder Klarsichtfolie auftragen und zu einer Rolle (4 cm Ø) formen. Die Rolle mit einem Küchengarn zusammenbinden und in Salzwasser kochen lassen.

Rindsgulasch

- Zwiebelstreifen im heißen Öl goldgelb rösten.
- Zwiebelstreifen an die Seite des Topfes schieben und Fleisch im verbleibenden Öl kräftig anbraten (oder extra in einer Pfanne anbraten), Tomatenmark dazugeben und kurz mitrösten.
- Mit Paprikapulver bestreuen, mit Rotwein und Weißweinessig ablöschen, einkochen lassen und salzen.
- Mit Wasser nach und nach aufgießen, Lorbeerblatt dazugeben und schmoren lassen. Falls nötig, noch etwas Wasser nachgießen.
- Kümmel, Knoblauch, Majoran und Zitronenschale zum Schluss unter das Gulasch rühren, mit Salz und Pfeffer abschmecken und noch etwa 5 Minuten kochen lassen.

Fertigstellung

- Das Gulasch mit Kerbel und Perlzwiebeln garnieren.
- Den Serviettenknödel aus dem Wasser nehmen, auspacken, in Scheiben schneiden und servieren.

Kalbsbrust mit Kastanien-Knödelfüllung

FÜR 4 PERSONEN

Zutaten

500–800 g	Kalbsbrust
	Salz
	Pfeffer aus der Mühle
50 ml	Öl zum Anbraten
200 g	Röstgemüse (Karotten, Sellerie, Zwiebel), größere Würfel
1	Rosmarinzweig
1	Salbeiblatt
700 ml	Fleischsuppe (siehe Seite 20) oder Wasser
60 ml	Weißwein

Füllung

100 g	schnittfestes Weißbrot oder Knödelbrot
1 EL	Butter
50 g	Zwiebeln, fein geschnitten
50 ml	Milch
1	Ei
	Salz
	Pfeffer aus der Mühle
100 g	gekochte Kastanien, geviertelt
100 g	Walnüsse, geviertelt
1 EL	Petersilie, fein geschnitten
1 TL	Majoran, fein geschnitten

Weiteres

1–2 TL	Speisestärke nach Bedarf
1 EL	Butter für die Sauce

Kalbsbrust: etwa 180 Grad
Kalbsbrust: 1–1½ Stunden

Vorbereitung

- Brustknochen von der Kalbsbrust lösen, dann mit dem Messer in der Mitte der Brust eine Tasche einschneiden und mit der Hand weiter öffnen.

Füllung

- Brot in kleine Würfel schneiden.
- Butter schmelzen lassen und Zwiebelwürfel darin dünsten.
- Milch mit Ei, Salz und Pfeffer verquirlen und über das Brot gießen.
- Kastanien, Walnüsse, Petersilie, Majoran und gedünstete Zwiebel dazugeben und vermengen.
- Dann die Knödelmasse etwas ruhen lassen.

Fertigstellung

- Die Knödelmasse in die Kalbsbrust einfüllen, die Brust zunähen oder mit einem Holzspieß verschließen.
- Die Brust salzen, pfeffern und in einer heißen Pfanne in Öl anbraten. Röstgemüse, Rosmarinzweig und Salbei beigeben.
- Dann im vorgeheizten Backofen knusprig braten. Zwischendurch immer wieder mit heißer Fleischsuppe oder heißem Wasser und Weißwein aufgießen.
- Wenn die Kalbsbrust gar ist, herausnehmen und mit der übrigen Fleischsuppe aufgießen.
- Die Bratenflüssigkeit abseihen und etwas einkochen lassen (etwa 10 Minuten). Die Sauce eventuell mit etwas in kaltem Wasser angerührter Speisestärke binden, dann die kalte Butter einrühren und mit der geschnittenen Kalbsbrust servieren.

Knödel-Pilzgröstel

FÜR 4 PERSONEN

Zutaten

	Serviettenknödel (siehe Seite 52) oder Speckknödel (siehe Seite 14)
200 g	frische Steinpilze
30 ml	Öl
1	Zwiebel, fein geschnitten
60 g	Butter
1 EL	Petersilie, fein geschnitten
1 TL	Majoran, fein geschnitten
1 EL	Schnittlauch, fein geschnitten
	Salz
	Pfeffer aus der Mühle

Knödel-Pilzgröstel: etwa 10 Minuten

Zubereitung

- Gekochten und erkalteten Serviettenknödel oder Speckknödel in Scheiben schneiden.
- Steinpilze putzen und ebenfalls in Scheiben schneiden.

Fertigstellung

- In einer beschichteten Pfanne Öl erhitzen und Knödelscheiben darin braten. Zwiebelwürfel dazugeben und mitbraten.
- Steinpilzscheiben in einer eigenen Pfanne anbraten, salzen und zu den Knödeln geben.
- Die Hitze reduzieren, Butter dazugeben, mit Petersilie, Majoran, Schnittlauch, Salz und Pfeffer würzen und servieren.

TIPPS

1. *Sie können auch noch geröstete Speckstreifen unter das Gröstel mischen.*
2. *Servieren Sie zum Gröstel Speckkrautsalat oder einen gemischten Salat.*
3. *Sie können andere Pilze verwenden wie Pfifferlinge, Champignons oder Shiitakepilze.*
4. *Dieses Gericht eignet sich auch sehr gut als Beilage zu Fleischgerichten.*

Semmelknödel

FÜR 4 PERSONEN, ETWA 8 KNÖDEL

Zutaten

200 g	schnittfeste Semmeln oder Knödelbrot
50 g	Zwiebeln
2 EL	Butter
2	Eier
150 ml	Milch
	Salz
	Pfeffer aus der Mühle
2 EL	Petersilie, fein geschnitten
2 EL	Mehl

Weiteres

70 g	braune Butter
	Schnittlauch, fein geschnitten

Semmelknödel: 12–15 Minuten

Zubereitung

- Semmeln in Würfel schneiden.
- Zwiebel schälen, in feine Würfel schneiden und in Butter hellbraun dünsten.
- Eier und Milch verrühren, salzen und pfeffern und zusammen mit Petersilie und gedünsteten Zwiebelwürfeln über das Brot geben.
- Mehl untermischen und alle Zutaten vermengen, bis ein glatter Teig entsteht.
- Etwa 10 Minuten ruhen lassen.
- Mit nassen Händen kleine Knödel formen, diese in reichlich Salzwasser schwach wallend kochen lassen.
- Knödel auf Tellern anrichten und mit brauner Butter und Schnittlauch servieren.

VARIATION

Kräuterknödel: Geben Sie in den Semmelknödelteig noch zusätzlich 1 EL Schnittlauch, 1 EL Majoran, 1 EL Basilikum und 1 EL Bärlauch – alles fein geschnitten.

TIPPS

1. *Die Knödelmasse darf beim Formen nicht zu weich sein, sonst zerfallen die Knödel beim Kochen. Machen Sie zuerst eine Probe. Wenn die Masse zu weich ist, mischen Sie noch etwas Mehl unter den Teig.*
2. *Wenn Sie die Knödel ohne Mehl zubereiten wollen, müssen Sie sie kräftig drehen, bis sich eine leicht cremige, glatte Oberfläche auf dem Knödel bildet.*
3. *Um den Knödeln einen noch besseren Geschmack zu verleihen, können Sie das Brot in einer Pfanne mit etwas Butter rösten.*
4. *Semmelknödel können Sie auch über Dampf garen.*
5. *Je älter und trockener das Brot, desto mehr Milch ist nötig.*
6. *Die Semmelknödel serviert man als Beilage zu Schweinebraten, Selchfleisch, Ragouts, Gulasch, Wildgerichten und zu Pfifferlingen oder Steinpilzen in Rahmsauce.*

Marillenknödel mit Marzipanfüllung

FÜR 4 PERSONEN, ETWA 8 KNÖDEL

Topfenteig

80 g	weiche Butter
20 g	Zucker
1 Pkg.	Vanillezucker
1 Msp.	Zitronenschale, fein gerieben
1 Prise	Salz
2	Eier
300 g	Topfen (Quark)
100 g	Mehl

Marillen

8	kleine Marillen (Aprikosen)
80 g	Rohmarzipan zum Füllen

Weiteres

50 g	Butter
100 g	Weißbrotbrösel oder süße Brösel
2 EL	Zucker
1/2 TL	Zimt
50 g	Butter zum Abschmälzen
	Vanillesauce
4	Lavendelblüten

Marillenknödel: etwa 15 Minuten

Vorbereitung

- Topfen in ein Tuch geben und gut trocken tupfen.

Topfenteig (siehe vordere Umschlag-Innenseite)

- Weiche Butter, Zucker, Vanillezucker, geriebene Zitronenschale und Salz schaumig rühren. Eier, Topfen und Mehl einrühren.
- Den Teig etwa 30 Minuten im Kühlschrank zugedeckt ruhen lassen.

Marillen

- Marillen waschen, trocknen, einschneiden, jedoch nicht ganz durchschneiden, Kern herausnehmen und mit je 10 g Rohmarzipan füllen.

Fertigstellung

- Den Topfenteig 1 cm dick ausrollen und acht rechteckige Blätter ausschneiden.
- Die gefüllten Marillen auf die Topfenteigblätter geben, gut verschließen und zu Knödeln formen. In kochendem Salzwasser ganz leicht etwa 15 Minuten sieden.
- Butter zerlassen und die Brösel darin unter ständigem Rühren leicht rösten.
- Marillenknödel aus dem Wasser heben, gut abtropfen lassen, dann in den gerösteten Bröseln wälzen, mit Zucker-Zimt-Gemisch bestreuen und mit Butter abschmälzen.
- Mit Vanillesauce und Lavendelblüte anrichten und servieren.

TIPPS

1. *Anstelle der Marillen (Aprikosen) können Sie auch Zwetschgen oder Erdbeeren verwenden.*
2. *Servieren Sie eine Amarettozabaione dazu oder eine Mascarponesauce.*
3. *Anstelle der Marzipanfüllung können Sie die Marillen auch mit Nougat oder Marillenmarmelade füllen.*
4. *Servieren Sie ein Vanilleeis dazu.*

Mozartknödel

Für 4 Personen, etwa 8 Knödel

Teig

50 g	Butter
50 g	Staubzucker
1 Pkg.	Vanillezucker
1 Msp.	Zitronenschale, gerieben
1 EL	Rum
1 Prise	Salz
2	Eier
400 g	Topfen (Quark)
150 g	Toastbrotbrösel

Füllung

100 g	Nougat

Weiteres

1 Pkg.	Vanillezucker
1	Zitronenschale, kleines Stück
	Salz zum Kochen
100 g	Weißbrotbrösel
40 g	Butter
50 g	Pistazien, gehackt
80 g	Zucker
	Staubzucker zum Bestreuen
	Himbeeren zum Garnieren
	Minze zum Garnieren
	Honig zum Garnieren

Mozartknödel: etwa 8 Minuten

Teig

- Weiche Butter mit Staubzucker, Vanillezucker, Zitronenschale, Rum und Salz mit dem Schneebesen oder der Rührmaschine schaumig rühren.
- Eier und Topfen dazugeben und ebenfalls umrühren.
- Zum Schluss Toastbrotbrösel untermengen.
- Die Masse etwa 30 Minuten zugedeckt kalt stellen.

Fertigstellung

- Die Topfenmasse in zwölf Stücke teilen, etwas flach drücken und jeweils ein Stück Nougat in die Mitte der Masse geben, gut verschließen und dann zu Knödeln formen.
- Wasser mit Vanillezucker, Zitronenschale und Salz aufkochen lassen und die Knödel darin kochen.
- Weißbrotbrösel in Butter leicht rösten, mit Pistazien und Zucker vermischen und die gekochten Knödel darin wälzen.
- Mit Staubzucker bestreuen und mit Himbeeren, Minze und Honig servieren.

VARIATION

Topfen-Mohnknödel: 25 g Mohn mit 25 g Honig und 25 ml Milch kochen, bis die Flüssigkeit eingekocht ist. Füllen Sie die Knödel mit dieser erkalteten Füllung anstatt mit Nougat.

TIPPS

1. *Für die Toastbrotbrösel schneiden Sie die Rinde weg und mixen das Brot in der Moulinette zu feinen Bröseln.*
2. *Anstelle der Himbeeren können Sie auch Erdbeeren, Orangenfilets oder karamellisierte Ananas dazuservieren.*

Grießknödel

Für 4 Personen, etwa 12 Knödel

Grießknödel

500 ml	Milch
120 g	Butter
40 g	Zucker
	Salz
1 Msp.	Orangenschale, gerieben
½	Vanilleschote oder 1 Pkg. Vanillezucker
140 g	Weizengrieß
50 g	Rosinen
2 EL	Orangenlikör oder Rum
2	Eier
1	Eigelb

Marillenkompott

12	kleine Marillen (Aprikosen)
200 ml	Wasser
50 g	Zucker
1 TL	Zitronensaft
½	Vanilleschote
1 Msp.	Kartoffelstärke

Weiteres

Zimt, Staubzucker und Brotbrösel zum Bestreuen

Minze zum Garnieren

Grießmasse: etwa 10 Minuten
Grießknödel: etwa 15 Minuten
Marillenkompott: etwa 4 Minuten

Grießknödel

- Milch mit Butter, Zucker, Salz, Orangenschale und Vanilleschote in einen Topf geben und aufkochen lassen. Die Schote ausschaben und das Mark wieder in die Milch geben.
- Weizengrieß unter ständigem Rühren mit dem Schneebesen in die kochende Milch rieseln lassen.
- Rosinen und Orangenlikör oder Rum mit der Grießmasse auf kleiner Flamme etwa 10 Minuten kochen.
- Die Masse auf etwa 70 Grad auskühlen lassen, dann Eier und Eigelb einrühren und etwa 15 Minuten kalt stellen.
- Aus der Masse mit einem Eisportionierer oder Löffel Knödel formen und diese in kochendem Salzwasser etwa 15 Minuten leicht kochen lassen.

Marillenkompott

- Marillen halbieren und die Kerne herausnehmen.
- Wasser mit Zucker, Zitronensaft und Vanilleschote aufkochen lassen.
- Kartoffelstärke mit 2 Esslöffel Wasser verrühren, in das Zuckerwasser einrühren und aufkochen lassen.
- Marillenhälften einlegen, einmal aufkochen, kurz ziehen, dann erkalten lassen.

Fertigstellung

- Die gekochten Knödel auf Tellern anrichten, mit Zimt, Staubzucker und Brotbröseln bestreuen. Marillenkompott dazugeben und mit Minze garnieren und servieren.

TIPPS

1. *Die Knödel können Sie mit Orangenfilets, Rhabarberkompott, Fruchtsaucen, Malagaeis usw. servieren.*
2. *Sie können die Knödel auch mit einem Stück Bitterschokolade oder Nougat füllen.*
3. *Servieren Sie eine Zimt- oder Vanillesauce dazu.*

Südtiroler Apfelknödel

FÜR 4 PERSONEN, ETWA 16 KNÖDEL

Apfelknödel

150 g	Apfelwürfel
1 EL	Butter
50 g	Mandeln, gerieben
50 g	Brösel (Brotbrösel oder süße Brösel)
½ Pkg.	Vanillezucker
½ Msp.	Zimt
1 TL	Rum
1 Msp.	Zitronenschale, gerieben
1 EL	Zitronensaft
1	Eigelb
1	Eiweiß
1 TL	Zucker, je nach Süße der Äpfel

Weiteres

250 g	Erdbeeren
1 EL	Zucker
	Backfett
1 EL	Joghurt
	Pfefferminze zum Garnieren

Backfett: etwa 160 Grad
Backfett: etwa 3 Minuten

Apfelknödel

- Apfelwürfel in Butter kurz dünsten.
- Mandeln, Brösel, Vanillezucker, Zimt, Rum, Zitronenschale, Zitronensaft und Eigelb hinzufügen.
- Eiweiß mit Zucker zu Schnee schlagen und unter die Apfelmasse heben.
- Die Knödelmasse etwa 15 Minuten ruhen lassen, dann kleine Knödel formen.

Fertigstellung

- Erdbeeren putzen, kurz waschen und auf Küchenkrepp abtropfen lassen.
- Etwa 100 g Erdbeeren mit Zucker mixen. Restliche Erdbeeren vierteln.
- Backfett auf etwa 160 Grad vorheizen, die Knödel im heißen Fett etwa 3 Minuten backen und auf die Teller geben.
- Erdbeeren rundherum anrichten und mit der Erdbeersauce überziehen. Mit Joghurt und Pfefferminze garnieren und servieren.

TIPPS

1. *Auch Saucen aus Äpfeln, Birnen, Orangen oder Marillen (Aprikosen), Vanille-, Mascarpone-, Karamell- oder Zimtsauce, Weißwein- oder Glühweinschaum passen je nach Jahreszeit dazu.*
2. *Karamellisierte Apfelspalten, Zwetschgenröster, Birnenkompott, Orangenkompott, Zimtsahne usw. machen sich gut als Garnitur.*
3. *Anstelle der Mandeln können Sie auch Haselnüsse verwenden.*

Topfenknödel auf Honigfrüchten

FÜR 4 PERSONEN, ETWA 8 KNÖDEL

Teig

200 g	Topfen (Quark), nicht zu nass
40 g	Butter
1 Pkg.	Vanillezucker
1 Msp.	Zitronenschale, gerieben
1 Prise	Salz
2	Eier
1 EL	Mehl
100 g	Weiß- oder Toastbrot, entrindet

Honigfrüchte

3	Orangen
2	Äpfel
2 EL	Honig
4 EL	Grand Marnier

Weiteres

50 g	Weißbrotbrösel
50 g	Butter
50 g	Zucker
1 TL	Zimt
	Sternanis und Melisse zum Garnieren

Knödel: etwa 10 Minuten
Honigfrüchte: etwa 3 Minuten

Vorbereitung

- Topfen in ein Tuch geben und gut trocken tupfen.
- Entrindetes Weißbrot in der Moulinette fein mixen.

Teig

- Weiche Butter, Vanillezucker, Zitronenschale und Salz schaumig rühren.
- Topfen, Eier, Mehl dazugeben und zuletzt die Toastbrotbrösel untermengen.
- Die Topfenmasse etwa 1 Stunde lang kalt stellen.
- Aus der Masse mit dem Eisportionierer Knödel oder mit einem Löffel Nocken formen und in Salzwasser kochen.

Honigfrüchte

- Orangen mit einem Messer schälen und die einzelnen Orangenfilets herausschneiden.
- Äpfel in Spalten schneiden.
- Honig in einer Pfanne erwärmen, Grand Marnier, Orangenfilets und Apfelspalten dazugeben und durchschwenken. Etwa 3 Minuten ziehen lassen.

Fertigstellung

- Weißbrotbrösel in Butter rösten, mit Zucker und Zimt vermischen und die Knödel darin wälzen.
- Die Knödel auf die Honigfrüchte geben und mit etwas Sternanis und Melisse servieren.

TIPPS

1. *Anstelle der Orangen können Sie auch Äpfel, Bananen oder Ananas verwenden.*
2. *Sie können die Knödel auch in Mohn- oder Lebkuchenbröseln wälzen.*
3. *Servieren Sie eine Vanillesauce oder eine Weißweinzabaione dazu.*

Vollkorn-Feigenknödel mit Mandelkrokant

FÜR 4 PERSONEN, ETWA 8 KNÖDEL

Topfenteig

400 g	Topfen (Quark), nicht zu nass
80 g	Butter
4	Eigelb
1 Pkg.	Vanillezucker
1 Msp.	Zitronenschale, gerieben
1 Prise	Salz
180 g	Dinkel-Vollkornmehl

Mandelkrokant

100 g	Mandeln, geschält
30 g	Staubzucker
1 Msp.	Zimt

Weiteres

8	kleine Feigen
	Staubzucker zum Bestreuen
	Holunderkompott
	Melisse zum Garnieren

Vollkorn-Feigenknödel: etwa 15 Minuten

Vorbereitung

- Topfen in ein Tuch geben und gut trocken tupfen.

Topfenteig

- Weiche Butter mit Eigelb verrühren, dann mit Topfen, Vanillezucker, Zitronenschale, Salz und Dinkel-Vollkornmehl rasch zu einem Teig verkneten.
- Den Teig etwa 1 Stunde im Kühlschrank ruhen lassen.

Mandelkrokant

- Mandeln in einer Pfanne mit Staubzucker rösten, etwas Zimt dazugeben, auskühlen lassen und fein reiben.

Fertigstellung

- Den Topfenteig 5 mm dünn ausrollen und in acht gleich große Quadrate schneiden.
- Feigen schälen und bereitstellen.
- Nun die Topfenteigquadrate um die Feigen wickeln, gut verschließen und zu kleinen Knödeln formen.
- Die Knödel in reichlich Salzwasser kochen. Dann die Knödel im Mandelkrokant wälzen.
- Mit Staubzucker bestreuen und mit Holunderkompott und Melisse servieren.

TIPPS

1. *Anstelle der Feigen können Sie auch Zwetschgen, Erdbeeren, Marillen (Aprikosen) oder Bananen verwenden.*
2. *Anstelle des Holunderkompotts servieren Sie marinierte Himbeeren oder Honigfrüchte (siehe Seite 68) dazu.*
3. *Anstelle des Dinkel-Vollkornmehls können Sie auch Kamutmehl oder Buchweizenmehl nehmen.*
4. *Servieren Sie eine Portweinzabaione dazu.*

Erdbeer-Schokoknödel mit Kokosraspeln

FÜR 4 PERSONEN, ETWA 8 KNÖDEL

Kartoffelteig

400 g	mehlige Kartoffeln
1	Eigelb
1 EL	zerlassene Butter
100 g	Mehl
1 EL	Kakaopulver
	Salz

Füllung

8	Erdbeeren
100 g	weiße Schokolade

Weiteres

100 g	Kokosraspeln zum Wälzen
2 EL	Zucker zum Wälzen
100 g	Erdbeerragout zum Garnieren
	Melisseblättchen zum Garnieren

Kartoffeln: etwa 20 Minuten
Knödel: etwa 10 Minuten

Kartoffelteig

- Kartoffeln schälen, in 2 x 2 cm große Würfel schneiden und in Salzwasser kochen.
- Abseihen und etwas ausdämpfen lassen (damit sie trockener sind).
- Kartoffeln durch die Kartoffelpresse drücken, mit Eigelb und Butter verkneten und dann 15 Minuten erkalten lassen.
- Mehl, Kakaopulver und Salz unter die Kartoffelmasse kneten.

Füllung

- Erdbeeren waschen, trocknen, in die zerlassene weiße Schokolade eintauchen, auf ein Teller mit Backpapier legen und kühl stellen.

Fertigstellung

- Den Kartoffelteig ausrollen und in acht gleiche Quadrate schneiden.
- Nun die Teigquadrate um die Erdbeeren wickeln, gut verschließen und zu Knödeln formen.
- Die Knödel in reichlich Salzwasser kochen.
- Kokosraspeln mit Zucker vermischen, die Knödel darin wälzen und mit Erdbeerragout und Melisseblättchen servieren.

TIPPS

1. *Anstelle der Erdbeeren können Sie Marillen (Aprikosen), Himbeeren oder Bananen verwenden.*
2. *Anstelle der Kokosraspeln können Sie auch geriebene Haselnüsse oder geriebene Pistazien verwenden.*
3. *Servieren Sie eine Joghurtsauce dazu.*

Zwetschgenknödel

FÜR 4 PERSONEN, ETWA 8 KNÖDEL

Kartoffelteig

400 g	mehlige Kartoffeln
1	Eigelb
1 EL	zerlassene Butter
120 g	Mehl
	Salz

Knödel

8	Zwetschgen
4	Würfelzucker
50 g	Zucker
1 TL	Zimt
100 g	geröstete Weißbrotbrösel

Zimtsahne

100 ml	Sahne
1 TL	Zimt
1 EL	Honig

Weiteres

Zitronenmelisse zum Garnieren
Staubzucker zum Garnieren

Kartoffeln: etwa 20 Minuten
Knödel: etwa 10 Minuten

Kartoffelteig

- Kartoffeln schälen, in 2 x 2 cm große Würfel schneiden und etwa 20 Minuten in Salzwasser kochen. Abseihen und ausdämpfen lassen (damit sie trockener sind).
- Kartoffeln durch die Kartoffelpresse drücken, mit Eigelb und Butter verkneten und dann etwa 15 Minuten erkalten lassen.
- Mehl und Salz unter die Kartoffelmasse kneten.

Knödel

- Den Kartoffelteig ausrollen und in acht gleiche Quadrate schneiden.
- Zwetschgen waschen, vom Kern befreien und je ½ Würfelzucker in die Zwetschge geben.
- Nun die Teigquadrate um die Zwetschgen wickeln, gut verschließen und zu Knödeln formen.
- Die Knödel in reichlich Salzwasser kochen.
- Zucker, Zimt und Weißbrotbrösel vermischen und die Knödel darin wälzen.

Zimtsahne

- Die Sahne leicht anschlagen und mit Zimt und Honig verrühren.

Fertigstellung

- Die Knödel auf der Zimtsahne anrichten und mit Zitronenmelisse und Staubzucker servieren.

TIPPS

1. *Anstelle der Zwetschgen können Sie Marillen (Aprikosen), Erdbeeren oder Feigen verwenden.*
2. *Servieren Sie eine Nusssauce, Rumsahne, Vanillesauce, Zimtsauce oder Erdbeersauce dazu.*
3. *Sie können ein Vanilleeis dazuservieren.*
4. *Sie können die Knödel auch nur mit zerlassener Butter abschmälzen.*

Germknödel

Für 4 Personen, etwa 4 Knödel

Teig

6 g	Hefe
60 ml	lauwarme Milch
1 EL	Zucker
125 g	Mehl
2 EL	zerlassene Butter
1	Ei
1 Prise	Salz

Weiteres

	Mehl zum Bestauben
60 g	Zwetschgen- oder Kirschmarmelade
40 g	Mohn, fein gerieben
40 g	Staubzucker
70 g	zerlassene Butter zum Beträufeln

Germknödel: etwa 15 Minuten

Teig

- Für das Dampfl (Hefevorteig) die Hefe in lauwarmer Milch auflösen, Zucker dazugeben und verrühren.
- Mit etwas Mehl bestauben und zugedeckt an einem warmen Ort aufgehen lassen, bis sich das Volumen fast verdoppelt hat.
- Geschmolzene Butter, restliches Mehl sowie Ei und Salz dazugeben und zu einem glatten Teig verarbeiten.
- Zugedeckt weitere 20 Minuten aufgehen lassen.
- Den Teig auf einer bemehlten Arbeitsfläche 5 mm dick ausrollen.
- Mit einem runden Ausstecher etwa 8 cm große Teiglinge ausstechen.
- Jeweils etwas Zwetschgenmarmelade in die Mitte des Teiglings geben, eventuell Ränder mit Wasser befeuchten und mit einem zweiten Teigstück abdecken.
- Auf ein mit Mehl bestreutes Brett legen und zugedeckt nochmals 15 Minuten aufgehen lassen.

Fertigstellung

- In einem großen Topf (die Knödel brauchen viel Platz zum Aufgehen) Salzwasser aufkochen und die Knödel einlegen. Einmal kräftig aufkochen lassen und dann bei fest geschlossenem Deckel ziehen lassen.
- Dabei die Knödel nach etwa 10 Minuten umdrehen und weitere 5 Minuten zugedeckt fertig garen.
- Herausheben und sofort mit einer dicken Nadel oder einem Zahnstocher einige Male anstechen, um das Zusammenfallen der Knödel zu verhindern. Auf Teller oder Platte geben.
- Mohn und Staubzucker vermischen, über die Knödel geben und mit zerlassener Butter rasch servieren.

TIPPS

1. *Achten Sie darauf, dass alle verwendeten Zutaten Zimmertemperatur haben, da sonst der Hefeteig nicht richtig aufgeht.*
2. *Servieren Sie zum Germknödel eine Vanille- oder Zimtsauce.*

Kleines Küchenlexikon

Typische Küchenfachausdrücke

Kochen ist eine Kunst, die eine eigene Sprache besitzt. Vieles ist nur für Profis verständlich, doch die einschlägigen Grundbegriffe sollte auch der Laie kennen.

Anschwitzen	in heißem Fett kurz anrösten, ohne viel Farbe annehmen zu lassen
Aufkochen	zum Kochen bringen (nur dann weiterkochen, wenn es so im Rezept steht)
Blanchieren	kurz mit siedendem Wasser überbrühen
Dämpfen	schonende Garmethode über Wasserdampf
Dünsten	Garmethode in wenig Flüssigkeit
Graukäse	pikanter, intensiv riechender Almkäse
Köcheln	kochen in nur schwach wallender Flüssigkeit
Pressknödel	flach gedrückte Knödel, die zuerst gebraten und dann gekocht werden
Speck	geräucherter, luftgetrockneter Schinkenspeck
Verquirlen	ganzes Ei (Eiweiß und Eigelb) mit einer Gabel verrühren, versprudeln
Zerlassen	vorsichtig schmelzen lassen (meist Butter)

Ländertypische Bezeichnungen

Immer kommt es auch innerhalb der deutschsprachigen Länder zu Missverständnissen und Verwechslungen aufgrund von ländertypischen Bezeichnungen. Die Erklärung zu den undurchschaubaren Begriffen finden Sie in nachstehender Übersicht.

Südtirol / Österreich	Deutschland
Brösel	Brotbrösel / Paniermehl / Semmelbrösel
Dampfl	Hefevorteig (Ansatz)
Eidotter	Eigelb
Eiklar	Eiweiß
Fastenknödel	Semmelknödel
Germ	Hefe
Erdäpfel	Kartoffeln
Knödel	Klöße
Knödelbrot	Weißbrot- oder Semmelwürfel

Südtirol / Österreich	Deutschland
Kobis	Weißkohl / Weißkraut
Marillen	Aprikosen
Nocken	längliche Klößchen
Topfen	Quark
Rinds-/Fleischsuppe	Fleischbrühe
Rohnen	Rote Bete
Sauerrahm	Saure Sahne
Schwammerln	Pilze
Schwarzpolenta / Schwarzplentn	Buchweizen
Vogelesalat	Feldsalat / Rapunzel

Register

Stichwörter mit **roten** Seitenzahlen befinden sich im Rezeptteil.
Stichwörter mit **schwarzen** Seitenzahlen befinden sich im Abschnitt »Wissenswertes«.

Essen und ...

552 Seiten, Hardcover,
über 400 Farbfotos, 19×23,3 cm
ISBN **978-88-6839-099-0**

636 Seiten, Hardcover,
über 1000 Farbfotos, 19×23,3 cm
ISBN **978-88-8266-341-4**

480 Seiten, Hardcover,
über 1500 Farbfotos, 20×26 cm
ISBN **978-88-6839-200-0**

192 Seiten, Hardcover,
100 Farbfotos, 16,5×24 cm
ISBN **978-88-6839-549-0**

96 Seiten, Hardcover,
80 Farbfotos, 17×22,3 cm
ISBN **978-88-6839-515-5**

96 Seiten, Hardcover,
80 Farbfotos, 17×22,3 cm
ISBN **978-88-6839-608-4**